해 연 시집

햇살 방향

해 연 시집

햇살 방향

지은이 해 연
펴낸이 최명자
펴낸곳 책펴냄열린시

부산광역시 중구 중앙동 3가 14-1
전화 051-464-8716

출판등록번호 제 02-01-256호
출판등록일 1991년 2월 4일

1판 1쇄 2008년 12월 20일 발행

ISBN 978-89-87458-63-2 03810
저자와 협의하여 인지를 붙이지 않습니다.
잘못된 책은 바꿔 드립니다.

깨어지지 않는 일상의 창가에
눈부신 웃음을 실어다 주는
소망의 새
살아도 살아도 되살아나는
그리움에 애타는 목마름은
어느 날
삶이 다 하는 그날
한 마리 새 되어
저 푸른 하늘 날으리니

「까치」 전문

해 연 시인의 본명은 이해연입니다. 경남 김해에서 태어나 동아대학교 영어영문학과를 졸업하고 남해 〈고현중학교〉, 〈부산외국어고등학교〉에서 교편을 잡기도 하였습니다. 2004년 시집 『닮고 싶은 웃음』을 상재하여 작품활동을 시작하였고 2006년 시집 『젖은 빛』이 있습니다. 〈동아문인회〉, 〈부산시인협회〉, 〈부산여류문인협회〉 회원으로 활동하고 있습니다.

■자서

빛과 그림자로
잉태되어
눈물로 빚어진
나의 세 번째 아이
아이의 투명한 손이
온기를 잃어가는 차가운 어깨에
햇살 한 점 될 수 있다면
그럴 수만 있다면
이 부족한 손
놓지 않으렵니다

이천팔년 십이월 해질녘
해 연

제 1 부

허공에 선을 긋다…13
눈물 샘…14
꽃보다 귀한…15
나무아래 서 있는 손…16
한이 깊은…17
병원에서 본 아카시아…18
신명나는 첫걸음…19
돌아 온 아이…20
닮은 얼굴…21
어떤 독창회…22
무지개를 볼 수 있는 날은…23
그대 차가운…24
샴푸하는 소녀…25
아버지와 아들…26
두 아들…27
어느덧…28
징검다리…29
의젓한 동갑내기…30
푸른 아침…31
한 뼘 차이…32

제 2 부

봄 처녀…35
자신감…36
너를 만나…37
상처…38
푸른 눈의 레이…39
그네 · 1…40
그네 · 2…41
그네 · 3…42
점 빼기…43
오줌살개…44
누워있는 얼굴…45
예감…46
가위…47
호수에 비친 남자…48
등짐 지는 남자…49
작은 바퀴…50
귀여운 눈빛…51
둥근 식탁…52
하나가 둘이 되는…53
하루 안에…54

제 3 부

기차가 보이는 집…57
까치…58
가을 산…59
새…60
푸른 얼음…61
어떤 인연…62
햇살 방향…63
부드러운 나무…64
그리운 숨소리…65
춤추는 호수…66
보리수 나무아래…67
바다와 그네…68
하늘 웃음…69
눈으로 가는 길…70
쓸쓸한 목련…71
주홍글씨…72
이어지지 않은 다리…73
자갈치…74
잔인한 사월…75
능금 엄마…76

제 4 부

십일월의 기도…79
아침에…80
하늘을 향함은…81
오늘…83
꽃잎 피는 날…85
복 있는 사람들…86
소나기…87
보일 듯 보일 듯…88
울타리…89
서글픈 뜨락…90
무대 위에 선 젊은이들…91
어두운 강…92
별이 되는 아이들…93
지워지지 않는 얼굴…94
작은 시인…95
두만강 뱃사공…96
다행한…97
바람을 따라가다…98
참새와 허수아비…99

발문/ 연민과 사랑 · 강영환…100

제 1 부

허공에 선을 긋다

눈길마다
꽃으로 피어나는 빛들이
황홀하기만 한데
겨울에도 하지 않던
독감에 몸을 가눌 수가 없다
마음 아픈 걸 참으니
몸으로 나타나는가

거실에 누워
영양제를 주사한 난을 본다
시들어가는 이파리에 생기가 돌아
뿌리에서 시작되는 우아함으로
허공을 채워 나가는
난의 고운 자태
닮고 싶다

눈물 샘

날 위해
힘겨운 일 웃으며
잘도 하시더니
한 줌도 되지 않는 얼굴
바라만 보신다
얼마나 기다리셨을까
뒤늦게 손 내미는 딸에게
희미하게 웃으시며
딸이 주는 죽 한술 드시더니
하늘 길 가신 어머니
가슴에 마르지 않는 샘
하나 만들어 놓고
먼 길 가신 어머니

당신은 나의 눈물입니다

꽃보다 귀한

이상한 전화가 걸려왔다
당신의 아이가 우리 손에 있으니
돈을 가져오라는 괴한의
목소리에 눈앞에 피어있던
분홍빛 꽃이 죽은 색으로
변해 보였다
그처럼 매일 물을 주며 키워오던
꽃이 죽어 보이는 것은
무엇 때문일까

아이가 꽃보다
더 귀하다는 것을
그제야 알게 되었다

나무아래 서 있는 손

나무는 웃고 있다
나무 아래 서 있는 그녀도
마주보며 웃는다
작은 정원
남편이 심은 소나무
쓸쓸한 어깨를 따뜻한 손으로 감싼다

닿을 수 없는 곳에 있는
땅위에선 그림자도 볼 수 없는 다정한 사람
그를 향하여 손 흔든다
바람 부는 땅 위에 서서
오늘도 그녀는

한이 깊은

이미 차가워져 버렸다
온기가 거두어진 아들을 놓지 못하고
살아가는 가족
웃음 띤 얼굴로 떠난 아들
알 수 없는 죽음으로 싸늘하게 돌아온 아들을
인정할 수 없는 부모
사랑이 깊어서 한이 깊은
여러 해가 지나도
억울한 마음 놓을 수 없는
오늘도 냉동실 옆에서
사랑을 지키려는
애틋한 눈물

병원에서 본 아카시아

오월 내
기침을 한다
이맘 때쯤이면 아카시아가
하얀 얼굴로 오월하늘을 수놓을 터인데
아직 보지 못하였다
병원에 들렀다 우연히
담에 기대어 나를 보고 있는
아까시아꽃
가슴이 설레었다
어디서 무얼하다
이제야 나타났을까

아카시아
오월의 푸른 향으로
쓸쓸한 나를 안아주는
다정한 이여

신명나는 첫걸음

무대처럼 꾸며진 예식장
하객들은 테이블에 둘러앉아
신랑이 입장하는 것을 본다
검은색 연미복 차림으로
귀엽게 생긴 신랑은
무대 위로 걸어간다
큰 소리로 장가간다고 외치며
음악에 맞추어 들어오는 그는
마치 흥겨운 춤을 추는 양
비틀 비틀 거리더니
하객들에게 손가락으로 가벼운
인사를 하는 듯 걸어간다
이미 결혼할 아들을 둔 나는
놀란 가슴을 누를 수 없었다

저토록 가벼울 수 있다니
그 걸음걸이가
그 젊음이
어쩌면 부러웠는지 모른다

돌아 온 아이

어깨가 시린 아이
날개를 달기위해
먼 하늘 날아간 아이
다시 집으로 돌아왔다
아이의 바지에 묻은 흙이 떨어져
잠자는 침대 주위를 맴돈다
아침이 오려면
아직도 어둠을 기다려야한다
다가올 아침의 하늘을 향하여
한껏 날을 수 있게
어미의 가슴
내어주고 싶다

닮은 얼굴

바다가 보이는 언덕
유월의 바람이 감미로운 군부대
대장과 이야기하며
너무나 닮은 눈이 떠올랐다
한번은 보고 싶었는데
맨 처음 내 손 잡아주던 손
비누냄새 나던 얼굴이
앞에 선 얼굴에서도
느껴졌다

우연한 만남
한 동안 잊었던 얼굴
눈 시리게 한다

어떤 독창회

반백의 바리톤
무대 한 가운데 홀로 있다
가을 저녁의 쓸쓸함을 위로하는
가곡과 아리아
가을엔 기도하게 하소서 라는 노래가
가슴을 적신다
얼마 뒤 어른스런 아들과 딸
사랑스런 아리아를 주고받으며
객석을 사로잡는다
부인은 남편과 아이들을 챙기느라
무대 뒤에서 분주하다

노래하는 엄마와 아버지
아들과 딸
그들은 하나였다
노래에 살고 사랑에 사는
넷이 아닌 하나였다

무지개를 볼 수 있는 날은

기다림이 오래면
눈물도 많을까
지상에서 하늘로 가는 길
오늘은 왠지 가까워 보인다
창문 하나를 사이에 두고
이렇게 마주하니
땅위에 흘린 눈물
모두 모이면
저처럼 고운 옷
입을 수 있을까

눈물 많은
생의 먼지들
빛이 되어
하늘로 오르면
나도 내 눈물
거두어 오르리라
저 무지개처럼

그대 차가운

눈물을 보이지 않음은
차가운 등 보이는
그대 향한
마지막 안간힘일까
불현듯 생겨나는
그리움은
삶 속에 접어 두고
다시 시작되는
아침을 보며
한 걸음
내딛어 본다

샴푸하는 소녀

아직 가슴도 생기지 않은
키도 비슷한 두 소녀
거품을 낸 머리에 손을 올린 채
웃고 있다
옷을 걸치지 않아도 가벼운 몸매
걸어온 길보다
걸어가야 할 길이 먼
맨발이 싱그럽다

가슴이 봉긋하여 오를 때면
눈물 흘리며
베개를 적실 머리카락
세상의 물속으로 걸어갈 발등위로
하얀 거품이 몽글 몽글
흘러내린다

아버지와 아들

돌잔치에 모여든 사람들
갓난아이를 안은 아들과 며느리
하객들에게 인사한다
아버지가 되어서야
아버지의 마음 알겠다는
아들을 보는 아버지의 눈가에
눈물이 맺힌다

품에 안겨 잠든
어린 아들은
언제쯤이면
아버지의 마음 알게 될까

두 아들

어른이 되어 멀리 가더니
집으로 왔다
일주일 내 집안을 채워주던 아이
떠나는 아침
유난히 햇살이 부신 창문을 열며
외로워하는 어깨를 보았다

두 아이는
잠시 뜨락에 날아온 작은 새였다
지친 몸으로 와서
저 푸른 하늘로 날아갈 날개짓을 위해
날아든 작은 새였다

어느덧

아들이 여자 친구를 데리고 왔다
분홍빛 뺨이 탐스런 아이
손 잡은 아들
웃음 띤 얼굴로
나에게 다가왔다
홀로이던 아이가
둘이 되어 서 있었다
그 동안의 시간은 사라져 버리고
오래전 나를
떠올리게 되었다

긴 시집살이 후
얼마 되지 않아
만나게 되는
또 다른 나의 자리
알 수 없는 긴장감이
나를 어색하게 하였다

징검다리

비 내리는 도시
차 붐비는 다리아래
맑아진 물이 흐른다
돌 놓아 만든 징검다리
우산을 든 소녀가
그림처럼 건너간다

차 안에서
개천을 바라보던 나는
계곡에 흐르는
맑은 물소리를 그리며
물 위에 웃음을 흘려본다

의젓한 동갑내기

갓난아기 때
마루기둥에 함께
묶어 놓았던 동갑내기 친구
결혼식장에 단아한 모습으로 앉아 있었다
이슬 젖은 뿌연 시골길을
하얀 교복 칼라 깃을 세운 채 같이 걸었고
아버지가 술주정하는 무서운 밤엔
동생이랑 손잡고 개네 집 아랫목을 파고들었다
해질녘 산길 오를 때 짓궂은 장난하는 남자에게
대꾸하며 도망치던 어릴 적 그 애가
다소곳이 시어머니가 되어
거기 그렇게 앉아 있었다

푸른 아침

그리움이 눈 뜨는 아침
햇살에 놀랐다
비와 바람이
하루하루를 이어가더니
이윽고 푸른 아침을 만난다
매일처럼 이어지는
회색얼굴에 지쳐 버린 마음이
맑게 개인다

어찌할 수 없는 하늘 앞에
고개 숙이는 나
비바람이 심할수록
햇살이 더욱 고운 것을

한 뼘 차이

잘 나고 못난 차이가 없다
그저 말없이 누워 있을 뿐
조금 먼저 오고
조금 뒤에 오는 차이가 있을 뿐
어머니가 먼저 누우시고
삼년 후 아버지가 그 곁에 누우셨다
그렇게 안 좋은 사이였어도
무덤가에 벌초하시던 당신도
겨우 삼년을 버티며
어머니 옆에 가셨다
해마다 당신 앞에 꽃을 안고
무릎 꿇는 이 딸도
언젠가는 땅 위에 눕게 될 것을

차이가 크면 얼마나 클까
고작 한 뼘 차이인 것을

제 2 부

봄 처녀

봄빛을 받으며
사방을 돌아보니
눈에 와 맺히는
선연한 봄 처녀
치맛자락 날리며
내 곁을 스치니
나도 모르게
봄처녀 되네

자신감

가지게 되었다
오랜 훈련을 거쳐
쥐게 된 운전 면허증
느린 성격에
붐비는 거리에 서면
진땀이 흐른다
겁부터 먹는 초보
순간의 실수가
돌이킬 수 없는 상처로
이어지는 무서운 핸들

드디어
내일은 홀로 길 위에 서는 날
할 수 없으리라 여겼던
나를 넘어서
멋지게 달려 보리라

너를 만나

작은 차이였다
차라리 잎만 보는 화분을 택했더라면
꽃잎 떨어지는 서운함
느끼지 않았을 터인데
화사한 분홍빛으로
마음 다 가져가던 꽃잎
주워 모으며 후회했다

다시 봄이 되니
꽃잎 잃은 잎들 사이로
분홍빛 얼굴이
이별을 서러워하던 나에게
웃음 웃고 있었다

너를 만나지 않았더라면
오늘 같은 웃음
볼 수도 없었을 터인데

상처

순간이었다 브레이크 대신
가속 페달을 밟았다
앞 유리는 모두 없어지고
견고한 담 벽 속에 박혔다
핸들을 잡은 나는 상처도 없이
부서진 차만 바라보았다
겨우 길 위를 누비던 즐거움은
싸늘한 얼굴이 되었다

오래 함께하던 차
만신창이가 된 것은 바로 나였다
조각난 유리에
몸이 찢기고 찌그러져
담 벽에 박힌 오래된
슬픈 몸이었다

푸른 눈의 레이

어머니가 인디안인 레이
오래전 교통사고로 다리가 약간 불편했지만
산 가까이 가기를 원하였다
가을이 옷 입히는 산
멀리서 볼 때보다 훨씬 아름다웠다
레이는 산이 말한다고 하였다
날 좀 봐요 날 좀 봐요 라고
화장을 곱게 한 여인이
얼굴을 보여주고 싶듯
산도 사람 같다 한다
앞에 보이는
신비스런 산처럼

그네 · 1

흔들려서 흔들린다

하늘이 보이고
나무가 보인다
나뭇잎 위로 여기 저기 날아다니는
작은 새들의 몸짓을 닮았다

휘영청 허공을 가르는
가벼운 발아래
온 세상이 한 아름
빛이며 그늘이다
바람이 옷깃을 만지며
우스워서 웃는다

그네 · 2

—꽃잎 줏으며

아이의 뺨처럼
발그레한 웃음을 웃더니
숨소리마저 감미롭던 너
예기치 않은 비바람에
떨어져 버린다
고운 자태에
온 맘을 가져가던 너

기다림이 이루어낸 분홍빛 얼굴
하늘 기슭으로 걸어가는
순한 걸음
하나 둘 주워
가난한 치맛자락에
올려 본다

그네 · 3

—춤추는 다리

오랜 시간을 걸어왔던
야윈 다리
한껏 힘주며 앞으로 나간다
주어진 줄을 꼭 쥔 채
바람에 흔들리며 간다
하염없는 길
그녀를 잡아주던 손들은
하나 둘 떠나가고
홀로 나아가야 한다

하늘을 나는
작은 새의 몸짓으로
따스한 햇살에
어깨를 흔들며
남은 날들과 손잡고
부드러운 춤을 추어야한다

점 빼기

치익 칙
침대에 누워 살 태우는 소리를 들으며
냄새를 맡는다
견고하게 얼굴의 일부를 차지하는
점 혹은 잡티가 순간에 없어지며
시간이 지나
깨끗한 피부가 되어진다

얼굴에 손대는 걸 싫어하고
자연스런 모습이
아름다운 것이라
여기던 나의 모순이
거울에 드러나고 있었다

오줌싸개

돌로 지어진 너의
웃음이 보이지 않았을 때
쓸쓸한 가슴이 되었어
새로 이사한 거실
우아한 장식품들도
너를 대신할 수 없었어

긴 시간이 지나도
아이의 미소를 지닌 너
네 발아래
기어 다니던 아이들
어른이 되어 떠나버린 지금
한없는 웃음으로
남아 있구나

누워있는 얼굴

말없이 천정만 바라보는 눈빛
우수에 젖어있다
수많은 어휘들이 가득한 공간
둘은 이야기를 나눈다
어떻게 여기까지 걸어왔는지
언젠가부터 꿈을 꾸기 시작했어
눈물로 만들어진 촉촉한 언어들
사람들 가슴에 스며
따스한 눈을 지닐 수 있으면
얼마나 좋을까

서점에 누워있는 두 얼굴
어깨를 두드리며
정다이 이야기한다

예감

설 다음날
칼이 발가락에 꽂히더니
한 달 쯤 지나 길에서 넘어져
얼굴을 다치고
얼마 안가 엉뚱한 협박전화에
정신을 잃을 뻔 하였다
연이어 생기는 불길한 일들
자꾸만 나를 약하게
몰아가고 있었다

걸을 때마다
자신을 돌아보는
눈을 두어야 할까보다

가위

아침에 일어나
머리에 손을 얹는다
하루에도 조금씩 자라는 머리카락
안에 자라는 무수한
얼굴을 보며
때로는 기쁘고
때로는 우울하고
슬프고 외로운 마음에
나를 놓아두는 머리카락

언제부터 아침이면
두 손을 모아 가위를 만든다
예리한 날 끝에
살이 떨어져 나가는 고통쯤이야
쓸쓸한 마음의 터 위에
푸른 나무 한 그루
볼 수 있다면

호수에 비친 남자

그는 홀로 서 있었다
한참을 차를 몰아
구비 구비 들어간 산골 어귀
바람에 흔들리는 그림자
호수에 비치며
어두운 그늘에 선 그를 보며
가슴 아파한다
뒤늦게 맞이한 반려자와
걸어오는 꼬부랑 길
길 위에서 그를 잃을지도 모르는
벼랑으로 몰린 그림자
호수를 배경으로
그는 그렇게 서 있었다

등짐 지는 남자

좋은 체격이 아니었다
등을 볕에 드러낸 그는
물 두 동이를 어깨에 걸친 채
태산을 향하여 오르고 있었다
숨 한번 쉬기도
걸음 한번 옮기기도 힘든데
무거운 짐까지 나르는
야윈 어깨가 안쓰럽다
물 한 모금 건네니
고개를 젓는다

아직도 갈 길이 먼데
한 모금 물도
마다하는 어깨가
거인의 어깨로 보였다

작은 바퀴

복잡한 거리
자동차와 버스
트랙터와 자전거 이리 저리 섞여
가고 싶은 대로 가는 사람들
선이 분명하지 않은 도로
부딪히지 않고 가는 것이
신기하기만 하다
가는 곳마다 사람들이 자전거를 탄다
할머니의 자전거 타는 실력도
아가씨와 다를 바 없다
거침없이 달리는 중국인의 행렬
작은 바퀴가
큰 땅을 움직인다

귀여운 눈빛

멀리서 온 발을
정성을 다하여 만져주는 손
뽀얀 피부에
눈썹이 짙은 이국의 젊은이에게
세상의 오랜 길을 걸어온
발을 내어 놓는다
그리 예쁘지도 않은 발
약간은 쑥스러운데
능숙한 손놀림으로
관절마다 지긋한 힘을 가하며
지친 기운을 풀어 주었다
처음으로 발을 내어놓는
부끄러움이 흐뭇함으로
변하는 순간
살짝 웃는 눈빛이
귀여워 보였다

둥근 식탁

맛깔스런 요리
하나씩 식탁에 올려진다
커다란 원형 식탁에 둘러앉은 사람들
여러 가지 얼굴을 한 요리들이
접시위에서 교태를 부린다
하얀 연근졸임
야채를 곁들인 만두
탕수육 두부졸임
접시 가득 담긴 생선

맛보는 즐거움보다
서로의 얼굴 바라보며
웃는 손이
둥근 식탁을
힘차게 돌린다

하나가 둘이 되는

누군가 나에게 준
작은 화분
처음엔 하나의 꽃만 피는 줄 알았다
일년 후 또 하나
다시 일년 후 하나에 또 하나
두 개의 꽃송이가
뺨을 부비며 피었다
한참을 푸른 몸으로 웅크린 봉오리는
붉게 변하여 가더니
천천히 빛 속에 제 몸을 드러냈다
잎이 꽃이 되고
하나가 둘이 되는
작은 기적이
쓸쓸한 뜨락을 채워주었다

기다림이 이루어낸
선홍빛 얼굴
연인처럼
한 없이 웃고 있다

하루 안에

강이 흐른다
햇살이 잔물결 일으키는 아침
누군가 전해주는 꽃 한 송이
설레는 아침의 가슴이
저녁 어귀에 다다른다
기쁜 소식에 어쩔 줄 몰라 하던 아침이
슬픔으로 바뀌는 저녁
손에 든 꽃송이를 땅에
떨어뜨렸다
벅찬 기쁨에 설레이던 강은
어둠의 물살에 몸을 맡기며
하염없이 울고 있었다

어찌할 수 없는 하루
벅찬 아침도 슬픈 저녁도
마주해야 할
하루의 얼굴인 것을

제 3 부

기차가 보이는 집

그가 서 있는 마당 앞에는
참새들이 탐스레 익은 벼를 보며
노닐고 있었다
산들이 정다이 바라보는 들녘사이로
기차가 지나고
남으로 향한 창문으론
푸른 들 푸른 산 푸른 나무가 보였다
먼 길 돌아
지은 작은 집
손에 쥐었던 모든 것을 하나씩
떨어버린 후에야
헛된 세상의 신발을 벗게 되었다
이제야 그는
초원의 한 가운데
맨발로 서서
세상으로 가는 기차를 보게 되었다

까치

깨어지지 않는 일상의 창가에
눈부신 웃음을 실어다 주는
소망의 새
살아도 살아도 되살아나는
그리움에 애타는 목마름은
어느 날
삶이 다 하는 그날
한 마리 새 되어
저 푸른 하늘 날으리니

가을 산

한 점
떨어지는
빛의 꽃이여

빛의 입맞춤에
싹을 키워
빛의 포옹에
열매를 맺으며
끝내는 온 몸
붉게 물들여
영원한 빛의 나라로
가는 것을

새

일을 끝내고
거울 앞에 앉으면

추운 날
아랫목에 앉아
창을 보면

이른 봄
새파란 잎새 위
살프시 앉아 노니는
작은 새는

신께서 내린
선물

푸른 얼음

푸른 날은
하늘이 푸르고
바다가 푸르다
산으로 오르는 길
온통 잎이 푸르다
뜨거운 열기가 내 안에 스며
푸른빛을 만든다

여름 속을 걸어가던 나
푸른 눈들을 모아 얼음을 만든다
얼음은 입 안에 들어와
지친 나를
푸른빛으로 물들이며
여름을 녹인다

어떤 인연

가덕도 바다를 보며
자태를 키우던 부레옥잠
집으로 데려와
물그릇 위에 올려놓으니
파릇한 잎들이 모여 한껏 웃는다
어느 날 아침
둥근 이파리 줄기에서
보라 빛을 두른 꽃 다섯 송이
물그릇 위에 떠올랐다
그러나 꽃은 하루만에
겨우 하루 만에 시들어 떨어져 버렸다

하루도 넘기지 못한 인연은
사라진 보랏빛 위에
덧없는 눈물꽃 한 송이
피워 올렸다

햇살 방향

볼 수 없었다
본래 피어나던 자리에
꽃은 피어나지 않았다
화분을 햇살 방향으로 돌려놓아
일 년을 버틴 후
그제서야 생겨나는
선연한 얼굴
볼 수 있었다

꽃잎 하나 보는 일이
이러한데
사람 키우는 일은
마음을 얼마나 햇살 방향으로
두어야 하는 것일까

부드러운 나무

보이지 않는
깊이 숨 쉬는 작은 싹
허공에 드러난다
가지위에 매달려 형체를 지닌
작고 작은 잎
푸른색과 향기를 가진
여린 잎은 갈수록
비어 있는 쓸쓸한 숲을
시리게 푸른 얼굴로
채워 나간다

엎드려
숨죽이며 고개 숙이는 일이
힘들고 슬프겠지만
저리도 눈부신 싹을 틔워
온 산을 물들일 줄이야

그리운 숨소리

들꽃 정원
안에 들어 서기전
깊은 슬픔에
고개를 떨군 채 있었다
힘없는 내 어깨를
들꽃들이 감싸더니
이런 저런 얼굴로
하나씩 손 내밀어
눈물을 닦아주었다
봄의 정령으로 피어난
들꽃들은 서로 몸 비비며
이야기해 주었다
살아가는 것이 이처럼 푸르런데
이처럼 빛나는 숨소리로
따뜻할 수 있는데

춤추는 호수

물결이 인다
걸음마다 가벼운 리듬이 실려
저녁을 노래한다
작은 도시 태안
호숫가 공원에 모여든
수많은 사람들
어린아이에서 노인에 이르기까지
편한 얼굴로
편한 차림으로
저녁의 상큼한 입맞춤에
호수를 끌어안고
하염없이 춤을 춘다

보리수 나무아래

뜨거운 햇살 아래
올라가기에는 너무 높은 계단
숨이 차 가슴이 아파왔다
중간쯤 왔을까
푸른 이파리가 나를 향해
눈부신 손짓으로
바람에 몸을 흔들며
목마른 나를 적셔 주었다
오르고 또 오르니
태산이라 하였던가
지친 걸음을 달래주는
보리수 나무아래
걸어온 길을 돌아보고
가야할 길을 바라보며
잠시 걸음을 멈춘다

바다와 그네

바다에 가면
허공에 줄을 맨다
땅위의 발이
바다로 향한다
힘주어 내딛으면
마지막 시선이 닿는 자리
하늘이 있다

하늘
가없는 자리
몸 내밀어 보지만
차마 닿을 수 없는 지상의 선
하늘도 땅도 아닌 허공에
줄 하나 잡고
훠이 훠어이
한없이 푸른 얼굴
흔들리는 물결위로
빌을 닏는다

하늘 웃음

대단한 힘이다
그리도 많은 에어컨들이
더위에 맞서 대항했으나
하루사이 바람 한번
지나가더니
더위가 없어져 버렸다

하늘이 한번 웃으니
무슨 힘으로
저 웃음을 대신하리

눈으로 가는 길

회색이다
오랜만에 띄워보는 걸음
푸른 잔디를 거닐고 싶다
안개가 시야를 가리는
하늘에 눈 맞추며 걸어가는 길
도시의 높은 벽을 벗어난
치맛자락엔 강이
산이 하나씩 채워진다
회색 치맛자락 위
멀리 혹은 가까이
나를 향해 손짓하는 눈동자
강으로 산으로 내려오는
애틋한 눈빛들이
회색 어두운 그늘을 지우며
오랫동안 외로웠던 나를
촉촉이 적셔준다

쓸쓸한 목련

빈 집
사람이 살지 않는
허물어진 마당 한 켠
유난히도 많은 목련꽃들이
폐가를 더욱 쓸쓸해보이게 한다
맞은편 공장이 있던 자리
공장을 지운 고층 아파트가
새로 심은 목련을
내려다보며 웃는다

사람을 보낸
사람을 맞이하는 두 얼굴
그들 사이엔 길 하나 있을 뿐인데

빈 집 가득 피어
마당을 채우는
하얀 무리들의 눈빛에
고개를 돌린다

주홍글씨

그곳에 닿았을 때
가슴이 조여왔다
더 이상 나아갈 수없는 벽이
나를 가둔다
그렇게 잘 웃던 웃음은
지어지지 않는다
지워지지 않는
번호를 새긴 가슴 앞에서
위로의 손길이
깊은 상처를 지울 수는 없다

보이지 않을 뿐
누구나 상처는 있다
교도소 앞마당
저기 저만큼 서 있는 유월의 나무그늘 아래
불어오는 바람이
나를 위로해 주었다

이어지지 않은 다리

송도에서 한 손
영도에서 한 손
서로 손을 내민다
조금만 더 앞으로 내밀면
하나가 될 터인데
둘 사이에 가로 놓인 깊은 바다
벽이 되어
가까이 가지 못한다

마음에 간직한 응어리들
바다 속 푸른 물에 흘려버리고
있는 그대로 그저
그렇게 보아준다면
둘이 하나로
이어지는 것이
무어 그리 어려울까

자갈치

비오는 저녁
질펀한 길에 수레가 멈춘다
입술이 유난히 붉은 아낙
둥둥 북을 치며
신명나게 춤을 춘다
지나던 사람들
하나씩 모여들며 즐거워하고
누덕 기워 입은 옷
흥겨운 가락
들썩이는 어깨에
비가 젖는다

바다에서 밀려오는
비릿한 내음에 몸을 드러낸
다랑어 슬픈 눈빛처럼
길 위에 엿장수
검은 눈에서
눈물이 보인다

잔인한 사월

—버지니아 공대 총기사건

조승희
초등학교 때 이민 간 한국아이
문화가 다른 언어가 다른
피부색이 다른
이질적인 환경에서
적응하지 못한 아이가
살인극을 일으켰다
서른세 명의 미국인 학생을
수업하는 강의실에 들어가
무참히 살해한
끝내 자신도 현장에서 죽고 마는
꿈을 안고 공부하는 젊은 영혼들이
쓰러져간 사월의 캠퍼스를
피로 물들인 조승희
왜 그랬을까
무엇이 그를 붉은 조승희로
몰아갔을까

능금 엄마

목욕을 끝내고 옷을 입는
등 뒤에서 신음소리가 들려왔다
숨을 제대로 쉴 수 없다며
마루에 알몸으로 누워
손발이 굳어져 가는 그녀는
겨우 구급차를 불러달라고 하였다
잠시 뒤 딸이 달려오고
젊은 청년들이 그녀를 데려 갔다
얼마뒤 새파랗던 얼굴은 웃음 띤 얼굴로
다시 목욕탕으로 돌아왔다
목욕탕에 들어 간 뒤
시집 간 딸이 이야기 한다
며칠전 엄마가 보톡스 주사를 맞았다고

한때 미스 능금이었다는 엄마
나이 들어서도 능금으로 살고 싶은
어쩔 수 없는 엄마

제 4 부

십일월의 기도

하늘아래
한 그루 나무이게 하소서
빛을 올올이 엮어
수 놓아 짜게 하소서
해질녘 겸허하게
기도하는 자 되게 하소서
오는 겨울을
따스하게 맞이하여
당신의 사랑을 깨달아
나를 알게 하소서

아침에

어둠의 옷을 벗어 버리고
빛 아래 있음이 감사하나니
호흡하며
주님 앞에 설 수 있음에
겸손함을 배우는
지혜로운 순간

새로 태어난
몸을 만나는
감미로운 아침이여

하늘을 향함은

당신께서
빛을 주시면
빛입니다
당신께서
어두움을 주시면
어두움입니다

오래 전부터
빛을 사랑하는 마음을
심어 주심은
살아가는 것은
어두움에서 빛으로
향하는 것이라고
깨달음 주심은
역시 당신이십니다

오늘도
제가 하는 일은
빛을 향하는 일입니다

하여
하늘을 향함은
당신이 저에게로
오시는 일입니다

오늘

그래
이제 떠나렴
어미의 하늘에서 훨훨 날아가렴
시린 어둠속
꽃잎이 빛으로 피어나던 날
울음소리로 내 손을 잡으며
너는 나에게 어머니라는 이름을 선물하였지
아장 아장 걸음마를 배우던 작은 발이
땅위를 딛더니
어느덧 날개를 달아
세상의 중심에 우뚝 서서
환히 웃으며 꽃다발을 안겨주었지
언젠가 불덩이 같은 이마를
어미 가슴에 묻으며
세상이 주는 슬픔을 위로 받던 너

그래
오늘은
또 다른 손을 잡으렴

그 손에 따뜻한 가슴을 얹어주렴
기쁘면 기쁜대로 슬프면 슬픈대로
어떠한 시련도 어떠한 슬픔도
네가 만난 귀한 사랑 안에서
따스한 온기로 녹여주렴

그래
너희 두 사람
서로의 모습 그대로 바라보며
걸어가는 걸음, 걸음이
주님의 아름다운 손으로 빚어지는
복된 날들이 되길
너를 나에게
한없는 사랑으로 주신 주님께
간절히 기도하는 오늘
오늘이구나

꽃잎 피는 날

봄이 오려나
기다리던 설레임이
꽃으로 오는 날
그녀는 하늘로 가는
하얀 옷을 갈아입었다
걸어서 하늘로 가는 길
마지막 걸음
성전으로 가고져 했다
성전 뜰 밟으며 기뻐하던 얼굴도
온 맘 다해 기도하던 목소리도
이제는 보이지 않는다

무거운 신 벗으며
걸어가는 하늘 길
눈물로 빚은 꽃잎
한잎 두잎
피어난다

복 있는 사람들

그들이 걸어간다
아프간의 봉사를 위해
한국에서 온 스물세 명의 젊은이들
탈레반의 폭도들에게 끌려간다
의를 위해 핍박받는 그들의 얼굴이
웃으며 척박한 땅을 걸어간다

복 있는 사람들을 노래하는
나의 눈가에 이슬이 맺힌다

시절을 좇아 열매 맺으며
잎사귀가 시들지 않음 같이
하는 일이 다 형통하리라는
주님 말씀처럼
아프간에 심은 젊은 걸음들이
복되기를 빌어본다

소나기

사막위에서 들려오는
어두운 소식
스물세 명의 젊은 크리스챤
탈레반에 납치된 그들
나날이 슬픈 일들만 들려온다

두 명의 남자가 시신으로 돌아온
어이없는 현실
나머지 젊은이들은 언제나
고국의 땅을 밟을 수 있을지

스무날이나 지나도
막막한 그들의 앞날
하루가 힘든 사막의 악몽
타들어 가는 아프간의 하늘에
주여 단비를 내려주소서

보일 듯 보일 듯

보일 듯하면
숨어 버리는 얼굴
풀 한포기 자라지 않는 높은 산
한여름 더위는 사라져 버리고
뼈 속 깊이 스며드는 한기에
몸을 떨며 천지를 본다
알 수 없는 두려움에
고개를 제대로 들 수 없다
바람이 안개를 거두어
귀한 얼굴 살짝 보여 줄 때면
놓칠세라 푸른 얼굴 새겨놓으려
먼 발꿈치 높이 들어 애를 태운다

백두산 천지 널 보기 위해
멀고 먼 경계를 넘어왔건만
보일 듯 보일 듯
날 애태우는 깊은 속내를
보여줄 수는 없니

울타리

만리장성
맑은 하늘아래
산등성이를 따라 펼쳐진
성터를 걸어간다
불어오는 바람이 아침의 상쾌함을
손끝에 전해준다
성터위로 걸어가는
수많은 사람들
오래전 고통으로 얼룩진
끝 간 데 없는 울타리
사람의 욕심이
사람을 가둔다

서글픈 뜨락

수많은 궁전
황금색으로 지붕을 삼은 자금성
부귀와 영화는 어디로 갔을까
궁과 궁을 이은 마당에는
나무 한 그루 볼 수가 없다
혹시 왕을 해하려는 자가
나타남을 알기위해
일부러 그랬다는데
이 여름 그늘 하나 없이
걸어야 하는 이방인에게
허망한 권력의
그늘이 보인다

무대 위에 선 젊은이들

중국에 속한 조선족
우리말을 하는 젊은이들
어둠이 내린 연길
간간이 비 내리는 저녁을 밝히며
장구춤 탈춤
사물놀이 등으로 흥을 돋운다
구경하는 중국인은 가만히 있는데
한국인은 흥에 겨워
중국의 저녁을 울린다
무대 위의 조선족과
무대아래의 한국인이 하나가 되어
비 내리는 연길의 밤을
적신다

어두운 강

강을 젓는다
뗏목을 타고
북한을 경계로 한
두만강 물결위에 몸을 띄운다
물이 맑지 못하다
중국 땅에서 바라보는
북녘 하늘
하나가 되지 못하고
둘로 나뉘어야하는 아픔이
강을 어두운 빛으로
물들였을까

별이 되는 아이들

—북경 서커스

아이들이 별이다
어둠속에서 하나씩 빛나며
손을 흔든다
흔드는 손들이 하나가 되어
서툰 춤사위를 만들어간다
하나가 둘이 되고
둘이 셋으로 이어지는
아름다운 곡선
때론 흔들리기도 하며
별빛 속에 무늬를 그려나간다

별이 되기 위해
어둠속에서 얼마나
기다려야 했을까

지워지지 않는 얼굴

회색 청동빛을 띤
쓰러질듯 수척한 남자
성장을 멈춘 것 같은
어른이면서 아이의 몸집을 한 그는
서러운 땅 북한의 산야를
뒤로 한 채
두만강 가에 서 있었다
바람 불면 흔적도 없어질 것 같은 얼굴
낳아준 땅이 서럽다

슬픈 땅 위에 선
슬픈 얼굴
지워지지 않는다

작은 시인

사람들이 모여든다
먼 곳으로부터
그의 자취를 만나기 위해
끊임없이 모여든다
이십구 세 젊은 나이
일제의 후꾸오까 형무소에서
의문의 죽음을 맞이한다
순수한 영혼이
세상의 길을 걸어가는 나그네들에게
깊은 울림으로 다가간다
얼마 안 되는 시
얼마 살지 않은 삶이
이토록 기나긴 걸음으로 이어지다니

짧은 걸음을
긴 걸음으로 변하게 한 시인
잎새 이는 바람에도
한 점 부끄럼이 없기를 소원하던
윤 동 주

두만강 뱃사공

강물에
뗏목을 띄운다
그의 몸은 중국과 북한의
경계선 위에 서 있다
한국말을 하는 중국의 조선족
새까맣게 그을은 얼굴로
두만강을 저어간다

물이 흘러가는 방향을
거스르지 못하듯
서 있는 곳을
거부한다 한들 어쩔 수 있으랴
선한 얼굴에 다정한 미소
두만강을 흘러간다

다행한

일어날 수가 없다
척추에 금이 가고
한 걸음도 나아갈 수 없는 경계 속에
그녀는 갇혀버렸다
거리를 여유롭게 거닐던 옷자락은
더 이상 펄럭일 수가 없다
순간의 사고가
그녀를 길 위에 내동댕이쳐 버렸다

병원 침대에 누워
웃고 있다
등을 받치고 있는
받침대에 누운 그녀는
통증이 견딜만 하다며
간신히 웃고 있었다

바람을 따라가다

언덕에서 자전거 페달을
밟으며 속력을 즐기다
차에 부딪혀
공중으로 날려버린 그는
땅에 떨어져
손에서 뼈가 밖으로 나와 버렸다
바람이 좋아
바람을 즐기던 몸은
상처로 온 몸을 감아버렸다

당당하게 걸어가던 걸음을
멈추게 한 바람
다시 그를 일으킬 수 있는
강한 힘으로
그를 도울 것이다

참새와 허수아비

노란 은행잎이
가을을 수놓은 길 한가운데
그녀는 그를 기다리고 있었다
오랜 시간이 그들을 갈라놓았으나
기나긴 기다림이
다시 다리를 놓아 주었다
한계령 지나 춘천으로 들어서는
작은 휴게소 의자에서 기다리는 그녀는
허수아비를 향해 날아가는
한마리 참새였다

벼가 익어 고개를 숙이고
황혼이 물드는 들녘에서
구비 구비 고개를 넘어
삼십년 만에 만나는
외로운 참새와 허수아비였다

발문

연민과 사랑

강 영 환 (시인)

맹자는 일부러 우물가에다 어린아이를 두고 지나가는 사람이 이를 그냥 지나치는지 아니면 구해주는지를 실험한 결과 지나가던 사람들이 모두 아이를 구하자 맹자는 '아, 사람은 타고날 때부터 선한 마음을 지녔구나' 그리고는 '다른 사람의 어려움을 그냥 지나치지 않고 돌보는 즉, 불쌍하게 생각하는 마음을 지녔구나' 라고 생각하고 '측은지심' 을 말씀하셨다.

'측은한 마음' 이라는 말은 '자비로 가득 차고, 동정심이 많으며 인정이 많다' 라는 긍정적인 의미를 내포한 것으로 풀이된다. 웹스터 사전에는 연민을 "다른 사람들의 가련함이나 고뇌에 대한 공감력, 동정심 또는 함께하는 고통" 으로 정의한다.

시인은 다른 일반인들보다 연민을 더 많이 가진 존재다. 모든 사물을 바라볼 때 연민의 감정을 지닌다. 그래야만 시를 쓸 수 있다. 인간을 볼 때도 그러하겠지만 심지어 벌레나 나무, 무생물에 이르기까지 연민을 가지고 대상을 파악하고 거기에서 느낌을 받는다. 그런 연민의 감정 없이는 시가 느껴지지 않는다. 시인들이 사물을 사랑할 수 있는 것은 바로 연민을 지녔기 때문이다.

한 편의 시를 이해하는 데도 사람에 따라 달리 이해되는 경우가 많을 것인데, 한 권의 시집 속에 든 여러 편의 시를 하나의 의미로 몰아가는 것은 위험천만한 일이다. 그렇지만 전반적으로 다수의 작품에서 느껴지는 지향점이나 의미들을 중심으로 그 작품집을 들여다 볼 수는 있다. 그것이 그 시인이 지향하는 세계이며 중심 방향이 아닐까 한다.

해연 시인의 세 번째 시집에 담겨진 시들을 이해하는 키워드는 바로 '측은지심' 곧 '연민'이다. 그의 첫 시집 『닮고 싶은 웃음』이나 두 번째 시집 『젖은 빛』에서도 일관되게 흐르는 정서다. 가장 낮은 곳에다 시선을 두고 바라보는 세상은 온통 측은함들 뿐이다. 그런 마음으로 노래하고 있다. 해연의 시는 화려한 수사도 없이 담백하고 간결한 시어로 구축되어 있다. 그 안에 든 의미는 사랑, 행복, 동정, 기도 등의 낱말로 함축 시킬 수 있고 그들은 곧 연민을 바탕으로 이룩된 집이라고 보면 된다. 어려울 것도 없고 심오한 면도 없는 일상 속에서 건져 올린 심상들은 색깔이 없기에 출렁거림도 없다. 그러나 밑바닥에 흐르는 연민으로 인해 독자에게 짠한 회색의 감정을 주입

시킨다. 그 목소리는 크지 않고 귀엣말로 속삭여 들려주는 이야기로 석양노을처럼 와서 가슴을 적셔 줄 것이다.

나무는 웃고 있다
나무 아래 서 있는 그녀도
마주보며 웃는다
작은 정원
남편이 심은 소나무
쓸쓸한 어깨를 따뜻한 손으로 감싼다

닿을 수 없는 곳에 있는
땅위에선 그림자도 볼 수 없는 다정한 사람
그를 향하여 손 흔든다
바람 부는 땅 위에 서서
오늘도 그녀는

「나무아래 서 있는 손」 전문

이 시는 그렇다. 정원에다 소나무를 심어 놓고 남편이 죽었다. 부인은 남편을 대하듯 그가 심어놓은 나무를 보며 웃는다. 나무도 웃고 부인도 웃는다. 남편은 그림자도 볼 수 없지만 남편이 심어놓은 나무이기에 남편의 다정함이 나무를 통해 전해져 온다. 그를 못 잊어 손을 흔든다. 나무도 바람에 흔들리며 손을 흔든다. 마주보고 서로 손을 흔들며 웃고 있다. 그것을 시적화자가 바라본다. 이 실없는 풍경에 만약 시적 화자에게 여인을 바라보는 마음에 연민이 없다면 나무와 마주보며 웃는 웃음의 의미를 발견할 수 있을까 의문이다.

음악과 춤 치료 활동으로 잘 알려진 춤꾼 가브리엘 로스는 '연민은 텅 비워진 감정이다'고 했다. 그에 의하면 한 사람이 상대 감정의 진실에 마음을 열 때 그 사람도 과거의 감정으로부터 자유로워지기 때문이라고 했다. 나무를 바라보는 여인이 지닌 감정에 시적화자가 마음을 열고 바라보았기에 그의 모습이 들어 올 수 있었다. 연민은 텅 빈 그릇과 같지만 거기에 두려움을 채운다면, 다른 사람들의 두려움을 제대로 담을 수 없게 된다. 오직 시인이 세련되게 조율된 감정일 때만 감정의 서정시가 되고, 노래가 될 수 있다. 만일 시인이 진정으로 다른 사람들의 감정을 느낀다면 해결되지 않은 두려움과 분노, 슬픔의 왜곡된 필터를 통해서 반응하지 않을 것이다.

해연 시인의 작품은 쉽게 읽혀진다. 그러나 쉬운 시는 아니다. 시인이 시를 쉽게 쓸 수 있는 능력을 지녔다는 것은 훌륭하다. 현재 우리 시단을 흐르는 풍토가 말이 많아지고 복잡한 감정을 표현하느라 진땀을 흘리는 시들이 주종을 이룬다. 이를 볼 때 그들은 시를 오해하고 있다는 느낌이나 수련과정이 짧아 실력을 감추기 위한 허설 플레이는 아닌지 의심이 간다. 시가 공감을 얻기 위해서는 쉽게 읽혀져야 하고 그렇게 난삽하고 이해하기 어려운 감정을 지니고 있어야만 하는 것은 아니다. 쉬운 시라고 하여 가치조차 낮춰 보는 것은 독단이다. 복잡 미묘한 감정을 가장 단순하게 보여 줄 수 있는 능력이야말로 시가 지녀야 할 덕목이 아닐까. 어려운 시로 쉽게 실패하는 것보다 쉬운 시로 어렵게 성공하는 것이 더 아름다운 것이다. 우리 시단은 벌써 60년대 난해시 논쟁을 통해서 충분히 그것을 인식해 왔던 것 아니던가.

아직 가슴도 생기지 않은
키도 비슷한 두 소녀
거품을 낸 머리에 손을 올린 채
웃고 있다
옷을 걸치지 않아도 가벼운 몸매
걸어온 길보다
걸어가야 할 길이 먼
맨발이 싱그럽다

가슴이 봉긋하여 오를 때면
눈물 흘리며
베개를 적실 머리카락
세상의 물속으로 걸어갈 발등위로
하얀 거품이 몽글 몽글
흘러내린다

「샴푸하는 소녀」 전문

목욕탕에서 만난 생기발랄한 소녀에게서도 어김없이 느끼는 감정도 연민이다. 가슴도 생기지 않은 소녀에게서 미래에 흘릴 눈물을 발견해내는 것이다. 걱정도 팔자라는 말처럼 행과 불행에 대하여 덧붙이기도 뭣한 소녀들에게 시적 화자는 자신이 걸어 왔던 과거의 일들이 겹쳐져 눈물을 흘릴 지도 모른다는 우려를 가슴에서 퍼낸다. 공중목욕탕에서 어린 소녀들에게서까지 연민을 느끼는 것은 과잉 반응이기도 하겠지만 그런 과정을 지나온 화자에게는 당연한 느낌이 된다. 피어나는 꽃도 져야하는 것 때문에 슬픔으로 연민하는 이유이기도 하다.

연민은 사랑 이전의 감정이다. 동정심이나 사랑의 감정을 불러오는 단초를 제공하는 첫인상이며 온갖 경험을 바탕으로 최초에 생성되는 감정이다. 이런 연민이 자연스럽게 표출될 수 있는 것은 시인이 가진 종교와도 무관하지 않는 것으로 보인다. 해연 시인은 오랜 그리스도교 신앙생활에서 실천하며 살았던 연민의 정이 그의 작품을 떠받치고 있다고 보여진다. 그리고 삶의 실천 방향이 되고 있음을 느낀다.

오래 전부터
빛을 사랑하는 마음을
심어 주심은

살아가는 것은
어두움에서 빛으로
향하는 것이라고
깨달음 주심은
역시 당신이십니다

「하늘을 향함은」 2연

신약성서에는 예수께서 측은한 마음이 드셨던 장면을 여러 번에 걸쳐 묘사하는 경우를 본다. 마태오 복음을 보면 "예수께서 배에서 내려 거기 모여든 많은 군중을 보시자 측은한 마음이 들어 그들이 데리고 온 병자들을 고쳐 주셨다"는 것이다. 여기에는 고통 받는 사람들을 보고, 그들에 대한 측은한 마음이 들었고, 그 다음에 변화시킬 수 있는 행동을 취하는 세 단계로 구분되는데 보고, 불평하고, 아무것도 하지 않는 사람들과 달리 실천으로 향하는 힘을 강하게 드러낸다. 이처럼 예수는 사람들에게 측은한 마음 곧, 연민과 동정심을 지니셨고 이것은 군중을 향한 측은지심이며 사람들이 어떤 처지에 있든지 상관없이 그들의 문제를 해결하기 위한 어떤 행위를 보여주었다. 연민이 연민으로 끝나지 않고 해결점에까지 도달한 모습은 바로 사랑이 있었기에 가능했다. 연민이 사랑으로 연결 되어야 하는 걸 보여 준 것이다.

예수가 만난 사람들은 한결같이 사랑이 필요한 사람

들이었다. 기아에 허덕이며 참담한 상황에 처해 있는 사람들, 전쟁의 폐허 속에서 신음하는 희생자들, 자연 재해로 피해를 입은 사람들, 내면이 황폐하게 된 영혼들, 도시의 뒷골목에서 자신을 파괴하는 약물 중독자들을 목격한다. 마음이 열려 있을 때 우리는 기아에 허덕이고, 두려움에 사로잡혀 있으며 아무 희망도 없이 살아가는 사람들을 느낄 수 있다. 따뜻한 마음 없이는 만날 수 없는 그들인 것처럼 시인이 만나는 사물이나 사람들도 결국은 버림 받았거나 소외당한 현실들이다. 이들을 만나게 해 준 분이 주 예수 그리스도라고 고백하며 그것은 어둠에서 빛으로 향하는 것이라고 했다. 그리스도의 사랑 실천을 해연 시인은 믿음을 통해 자연스럽게 받아들였고 예수께서 그리했듯 시인도 쉽게 연민을 품을 수 있었다. 더불어 시인이기에 사람을 넘어서서 온갖 사물들이나 풍경 속에서도 그것을 느끼고 있다.

빈 집

사람이 살지 않는
허물어진 마당 한 켠
유난히도 많은 목련꽃들이
폐가를 더욱 쓸쓸해보이게 한다
맞은편 공장이 있던 자리
공장을 지운 고층 아파트가
새로 심은 목련을

내려다보며 웃는다

사람을 보낸
사람을 맞이하는 두 얼굴
그들 사이엔 길 하나 있을 뿐인데

빈 집 가득 피어
마당을 채우는
하얀 무리들의 눈빛에
고개를 돌린다

「쓸쓸한 목련」 전문

위 시에는 두 가지 풍경이 등장한다. 우리 주변에 흔히 있을 수 있는 풍경이다. 사람이 떠난 빈집 풍경과 사람이 도착한 신축 아파트가 그것이다. 그 가운데 접점에 목련이 새로 피었다. 떠남과 돌아옴이 길 하나를 사이에 두고 있지만 모든 것이 쓸쓸하게 다가온다. 사람이 떠난 폐가는 어느 누구에게도 쓸쓸한 풍경이다. 그렇게 느끼는 것이 당연하다. 그런데 새로 신축된 아파트가 높이 서서 이 쓸쓸한 풍경을 바라다본다. 그것뿐이면 괜찮다. 화자의 시선은 폐가에 화려하게 서있는 목련조차도 쓸쓸함으로 인식한다. 아니 목련꽃의 화사함 때문에 폐가는 더욱 쓸쓸함 속으로 몰입된다. 그것을 바라보는 화자는 대비된 풍경에 목련꽃을 더 이상 바라보지 못하고 얼굴을 돌리고 만다.

시는 의미로 읽기 보다는 느낌으로 읽어야 한다. 시를 분석하여 해석하는 일을 바보짓이라고 혹되게 비판했다. 그것이 입시에서 그렇게 자행되고 있는 것을 이제는 많이도 바꾸어 놓았다는 생각이 들지만 시를 감상하는 법을 배울 때 습관적으로 분해하여 읽는 법을 배운 우리는 쉽게 느낌으로 접근 할 수가 없다. 반면에 해연 시인의 작품들은 분석할 필요가 없이 스스로 먼저 느낌으로 와 닿는다. 감각적인 표현들이 그것을 가능하게 한다.

송도에서 한 손
영도에서 한 손
서로 손을 내민다
조금만 더 앞으로 내밀면
하나가 될 터인데
둘 사이에 가로 놓인 깊은 바다
벽이 되어
가까이 가지 못한다

「이어지지 않은 다리」 1연

영도와 송도를 잇는 남항대교가 공사 중에 있을 때 양쪽에서 공사를 진행하면서 중간이 이어지지 않고 떨어져 있는 모습을 보고 노래한 작품이다. 공사 중인 다리를 연인으로 비유하여 만나지 못하는 안타까움을 연민으로 바라보고 있다. 선명한 이미지는 더 이상의 다른 의미를 가져오지 않고 오직 안타까움만 전해온다. 안타까움을 느끼게 하는 표현을 쉽게 숱한 말없이 보여주는 능력이 해연 시인의 작품에 들어 있다.

어쩌면 자칫 부정적으로 느껴질 수 있는 '연민'의 감정이 '사랑'이라는 숭고한 의미로 승화하고 있기 때문일 거라고 조심스런 결론을 내어본다.

회색이다
오랜만에 띄워보는 걸음
푸른 잔디를 거닐고 싶다
안개가 시야를 가리는
하늘에 눈 맞추며 걸어가는 길
도시의 높은 벽을 벗어난
치맛자락엔 강이
산이 하나씩 채워진다
회색 치맛자락 위
멀리 혹은 가까이
나를 향해 손짓하는 눈동자
강으로 산으로 내려오는
애틋한 눈빛들이
회색 어두운 그늘을 지우며

오랫동안 외로웠던 나를
촉촉이 적셔준다

「눈으로 가는 길」 전문

어느 시대인들 문제가 없는 때가 있었을까. 지금 이 곳의 문제들은 우리가 느끼고 안고 가야할 부담이다. 부담 투성이인 이 땅에 살고 있는 시인은 지고 가야 할 짐이 많다. 사람들은 쉽게 동정을 베푸는 일에 피곤해 질 수 있겠지만 그것으로 구실을 찾을 지도 모르지만 시인은 그럴 수 없는 연민으로 고민한다. 우리는 매일 보도를 통해 수많은 억울한 죽음과 어린이들이 죽어가는 것을 본다. 그럴 때면 안타까운 가슴이 뭉클했던 분위기가 이내 사라져 버린다.

그들이 걸어간다
아프간의 봉사를 위해
한국에서 온 스물세 명의 젊은이들
탈레반의 폭도들에게 끌려간다
의를 위해 핍박받는 그들의 얼굴이
웃으며 척박한 땅을 걸어간다

「복 있는 사람들」 1연

도와주어야 할 곳이 너무도 많은 상황에서 우리가

빠질 수 있는 위험 가운데 하나는 느낌마저도 거부하려는 것이다. 딱한 상황들을 너무도 많이 접하게 될 때 우리의 감정은 상처를 입는다. 그러한 자극들에 무감각해 지면 우리는 아무 것도 하지 않을 것이고 그러면 상황은 더 나빠지게 된다. 힘없는 시인에게 필요한 것은 그들을 일으켜 세우는 역동적인 힘이 아니라 세상에 사랑이 필요함을 인식시키는 역할이다. 스스로에게 던지는 질문으로 끝나고 말지라도 그렇게 하지 않으면 가슴이 터져 폭발해 버릴지도 모르는 위험을 안고 있는 것이 시인의 몸이다. 그러기에 해연 시인이 선택한 것이 종교적 사랑에 귀착할 수 있는 이유다.

연민이 텅 빈 감정이라는 가브리엘 로스의 말은 바로 그 텅 비워진 감정으로부터 온갖 감정이 흐를 때 역동적인 고요함이 모든 삶의 에너지의 근원이 될 것이라 했다. 해연 시인은 그의 텅 빈 곳을 사랑으로 채우고 있다. 인간의 내면적 힘이 바깥으로 나타나는 하나의 형태의 사랑은 인간사회의 정의와 도덕성을 지향하게 하는 근간으로서 기능하고 있음을 보여준다. 그것이 곧 햇살 방향이라고 본다.